Pia Herzog

Flug LH 1042
Roman

Pia Herzog

Flug LH 1042

Roman

Rediroma-Verlag

Bibliografische Information der Deutschen Nationalbibliothek:
Die Deutsche Nationalbibliothek verzeichnet diese Publikation in der Deutschen Nationalbibliografie; detaillierte bibliografische Daten sind im Internet über http://portal.dnb.de abrufbar.

ISBN 978-3-96103-955-5

Umschlagillustration:

www.rediroma-verlag.de
6,95 Euro (D)

WIDMUNG

An alle Frauen und Männer, die nicht an die große Liebe glauben.
An alle Menschen, die sich in Schuldgefühlen verstricken.

Danksagung

An dieser Stelle möchte ich allen Menschen danken, die mir in meinem Leben begegnet sind, die es mir ermöglicht haben, so viel Fantasie zu entwickeln.

Dank geht an meinen Sohn Sebastian und seiner Frau Anke, die mir in der schwersten Stunde zu Seite standen.

Ich liebe Euch **alle**!

Inhalt

KAPITEL 1

Über den Wolken

Mittwoch, der 12. Dezember 2007, mein 48. Geburtstag. Ich konnte mich nicht durchringen aufzustehen. Das letzte halbe Jahr kreiste in meinem Kopf, meine Hand griff auf die Bettseite meines Mannes. Leer.

Mein Mann Fred war im Juni 2007 an einem Hirntumor gestorben. Seitdem war ich Witwe – welch ein blödes Wort. Mein erster Geburtstag ohne ihn. Ich musste aufstehen, mein Schwager würde gleich kommen, um mich abzuholen. Ich würde nach Stuttgart fliegen, zu meinem Sohn Sebastian, der dort studierte. Ich wollte meinen Geburtstag nicht feiern, mir war nicht danach, aber ich wollte in den Arm genommen werden und die schlimme Zeit, die hinter mir lag, einfach vergessen.

Oh, so spät schon. Ich stand auf, zog mich an, da klingelte es auch schon und mein Schwager Friedhelm stand vor der Tür.

„Na, ich dachte, du machst gar nicht mehr die Tür auf."

„Doch natürlich, ich war noch im Bad", antwortete ich bedröppelt. Mist, jetzt fing ich auch noch an zu heulen.

„Komm her!“, sagte mein Schwager und nahm mich in den Arm. „Was ist denn los mit dir?“

„Ich weiß auch nicht, in letzter Zeit bin ich sehr nah am Wasser gebaut.“ „Schau mal, da hinten am Ende des Tunnels, dort ist Licht.“

„Wie komme ich dahin?“, fragte ich. „Komm lieber rein, sonst erkältest Du dich noch!“

„Lea, du musst dich beeilen, sonst verpassen wir den Flieger“, drängelte Friedhelm.

Der kleine Koffer mit meinem Handgepäck stand schon gepackt im Flur. Ich zog meinen schwarzen Mantel an, nahm mein Gepäck und setzte mich in sein warmes Auto. Ich war froh, dass Friedhelm nicht viel redete, ich hörte kaum hin.

In Langenhagen angekommen bekam ich Zweifel, ob es richtig war, meinen Geburtstag ohne die ganze Familie zu feiern. Da standen sie auch schon mit Sekt und fröhlichen Gesichtern in der Abfertigungshalle des Flughafens.

„Happy Birthday“ riefen sie alle gemeinsam, unter ihnen auch Regina, Freds Schwester, und Ingolf, Freds Bruder.

„Danke“, krächzte ich. „Vielen Dank, aber das wäre doch nicht nötig gewesen.“

„Ach, wir lassen dich nur ungern weg“, säuselte

Ingolf.

Mein Flug nach Stuttgart wurde aufgerufen. Schnell drückte ich jedem einen Kuss auf die Wange und verschwand.

Der Flug war sehr ruhig und ich hatte die Sitzreihe für mich alleine. Ich schloss die Augen. Eine nie gekannte Einsamkeit kroch in mir hoch.

Endlich, nach einer Stunde Flugzeit, landete die Maschine in Stuttgart.

„Da ist ja meine Mami“, rief mein erwachsener Sohn laut. „Alles Gute zum Geburtstag!“

„Oh, Basti, sei bitte leiser, muss doch nicht jeder wissen, dass ich heute Geburtstag habe.“

Stürmisch umarmte mich mein Sohn. Das tat gut. „Ich bringe dich ins Hotel, dann machst du dich frisch und wir gehen schön essen, okay?“

Keine Einwände. Anke, die Freundin meines Sohnes, kam auch mit. Es wurde ein sehr ruhiges Essen. Wir tauschten viele Gedanken und Erinnerungen aus. Das Wochenende ging viel zu schnell vorbei.

Nun wartete ich am Freitag in Stuttgart, am Flughafen auf den Abflug der Maschine LH 1042 nach Hannover. Der Flieger war pünktlich, ich saß am Fenster und hatte mir die Börsenzeitung schon zurechtgelegt, als plötzlich ein gut aussehender

Mann vor mir stand und mir mitteilte, er hätte das Glück, den Platz neben mir zu haben.

„Na dann“, antwortete ich mit einem Lächeln. Irgendwie hatte der Typ etwas von George Clooney.

„Waren Sie privat oder geschäftlich in Stuttgart?“, fragte er.

„Privat.“

„Hat Ihnen Stuttgart gefallen?“

„Oh ja, antwortete ich.“

„Was denn besonders?“

„Die Wilhelma war sehr schön.“

Ein Lächeln huschte über sein Gesicht. „Da war ich schon lange nicht mehr.“

Die Stewardess fragte mich, was ich trinken wollte.

„Bitte einen Tomatensaft.“

„Mit Salz und Pfeffer?“

„Nein danke, pur bitte.“

„Was darf ich Ihnen zu trinken bringen“, fragte die Stewardess meinen Sitznachbarn.

„Ich hätte auch gerne einen Tomatensaft – aber mit Salz und Pfeffer.“

„Sehr gerne“, antwortete die Stewardess.

„Nicht doch Salz und Pfeffer?“, fragte mich der George-Clooney-Ersatz.

„Nein danke.“

„Aber so schmeckt der Saft viel besser.“

Ich fragte mich, welchen Teil meiner Antwort er nicht verstanden hatte. Er fragte nicht weiter, aber zeigte, dass ihm der Saft schmeckte. *Macho,* dachte ich.

„Fliegen Sie öfter?“

„Nein, ich habe Flugangst“.

„Ja mei, da brauchst ka Angscht zu haben. Dasch ist dasch sicherste Verkehrsmittel der Wölt.“

Es fehlte nicht viel und ich hätte mich am Tomatensaft verschluckt. Ich musste so lachen.

Mister Clooney war echt lustig. Wir unterhielten uns nun über alle möglichen Dinge, und ehe ich mich versah, kam die Durchsage: „Wir landen in Hannover.“

„Oh, schon da, das ging aber schnell“, sagte ich laut.

„Das liegt an der guten Gesellschaft“, erwiderte Mister Clooney, und wenn ich Interesse hätte, würde er mir gerne den schwäbischen Duden für Firmen – speziell für Daimler, neuer schwäbischer Vorstand – zukommen lassen, per Mail. „Sie haben doch bestimmt eine Mail-Adresse?“

„Ja, aber leider habe ich keine Visitenkarte von mir dabei.“

„Die brauche ich nicht. Ich kann mir die E-Mail-Adresse auch so merken.“

„Also Lea.Kaiser@web.de“, gab ich bereitwillig meine Adresse heraus.

„Freut mich, dass ich so eine charmante Begleitung hatte“, sagte er.

Verschämt schaute ich auf die Hände von Mister Clooney. *Oh, kein Ehering. Gibt es das heute noch?* Gepflegt waren die Hände auch. „Dann eine gute Weiterreise“, sagte ich.

Ich wollte mich schon zum Ausgang drängeln, da nahm Mister Clooney meine Hand und verabschiedete sich.

Mister Clooney trug keinen Ring, war lustig, hatte gepflegte Hände, war größer als ich – gut, da gehörte nicht viel dazu, ich bin nur 164 cm – und hatte ein schönes Lächeln.

Ich schaute Mister Clooney hinterher, mit der Gewissheit, ihn nie wieder zu sehen.

„Hallo Lea, hier bin ich“, rief Friedhelm und winkte mit beiden Armen. „Na, wie war dein Flug? Du grinst ja!“

„Nee mache ich nicht.“

„Wie war dein Flug? Ist alles okay? Konntest Du einen Geburtstag genießen?“

Ich erzählte Friedhelm von Anke und Sebastian, von unseren Ausflügen und mit einem kurzen Satz, dass ich einen netten Sitznachbarn auf dem Rückflug gehabt hatte.

Nachdem Friedhelm mich nach Hause gebracht

und ich den Koffer ausgepackt hatte, war ich irgendwie neugierig, ob ich vielleicht schon Post hatte. Also Computer hochgefahren und gestartet.

Und tatsächlich: Eine mir unbekannte E-Mail-Adresse sprang mir ins Auge.

Mackrodt, Gottlieb
Freitag, 14. Dezember, 16:18 Uhr

Hallo Frau Kaiser,

danke nochmals für die kurzweilige Unterhaltung an Bord von LH 1042. Hier der versprochene Anhang mit dem entglobalisierten Firmenkauderwelsch im Hause Daimler.

Ich hoffe, Sie sind gut nach Hause gekommen und trauen sich nach dem Gespräch mit mir auch wieder einmal in einen Flieger.

Ich wünsche Ihnen ein schönes Weihnachtsfest, und wenn Sie wollen, lassen Sie doch einfach mal was von sich hören.

Kontaktdaten ersehen Sie unten.

Was mich angeht, bin ich sicherlich auch nächstes Jahr immer mal wieder in der Ecke Hannover / Wolfsburg.

Mit freundlichen Grüßen

Gottlieb Mackrodt

Das war ja nett und so schnell antwortete George Clooney, der nun in der realen Welt Gottlieb Mackrodt hieß.

Da fiel mir ein: Noch vor ca. vier oder sechs Wochen war ich so traurig über Freds Tod und die damit verbundene Einsamkeit, dass ich laut im Esszimmer gesagt habe: *Lieber Gott, hilf mir, ich kann einfach nicht mehr!* Ich bin in der Regel nicht abergläubisch, aber wenn ich nun jemanden mit dem Namen Gottlieb kennenlerne – sollte das ein Zeichen sein? „Du spinnst“, sagte ich laut zu mir selbst. Selbstgespräche führte ich neuerdings öfter.

Nun beantwortete ich aber die Mail von Herrn Mackrodt.

Hallo Herr Mackrodt,

Ich danke auch, denn mir wird dieser angstfreie Flug immer in Erinnerung bleiben. Schade, dass mir bei dem schwäbischen Firmenkauderwelsch die perfekte Aussprache fehlt .Meinem Chef werde ich Montag die Zeitung so servieren:

„Ond die Zeidong für die Scheff ond Scheffla

hoeßt nemme Headline sondern Iberschrift."

Schreiben die Schwaben private Briefe, wie sie sprechen?

Ja, ich werde wieder fliegen, nur werde ich dann wohl nicht so einen netten Gesprächspartner neben mir sitzen haben, der mir auch noch die Flugangst nimmt. Ich wünsche Ihnen auch ein schönes Weihnachtsfest.

Mit freundlichen Grüßen
Lea Kaiser

Am Montag wurde ich von meinen Kollegen von der Volksbank besonders lieb empfangen. Überhaupt waren alle in den letzten Monaten besonders lieb zu mir. Anja, unsere Kassiererin, sah mich fragend an: „Na, hattest du ein schönes Wochenende?"

Ich erzählte Anja, die für mich schon längst mehr war als nur eine Kollegin bei der Bank, sondern eine Freundin, von meinem Flug und meinem George Clooney – wie ich Gottlieb Mackrodt immer noch in Gedanken nannte. Anja grinste und freute sich für mich.

Es war Montag und ich musste bis 18 Uhr arbeiten. Als ich endlich zuhause angekommen war, hatte ich die kleine Hoffnung, dass George Clooney vielleicht noch einmal geschrieben hatte. Mein Computer war viel zu langsam, stellte ich mal wieder fest.

„Nun ruf schon die Mails ab! Oh man“, sprach ich zu mir selbst. *Da! Ja wirklich.*

Hallo Frau Kaiser,

danke für die nette „Post“!

Wusste gar nicht, dass auf dem Flug eine „Therapie-Sitzung“ stattgefunden hat. Das Honorar hole ich mir gerne mal bei Tomatensaft oder Kaffee ab. Schön, dass man das nicht überweisen kann. ☺

Zu der fehlenden Aussprache kann ich Ihnen zwar keine Therapie, aber dafür eine weitere Übungsstunde anbieten, nach dem Motto „Schwäbisch für Norddeutsche“.

Wissad se, do kenna mar dann amol den ganza lombagruscht besprecha. Vielleicht mach ich mich doch noch mal mit einem Geschäftsmodell selbständig: „Coaching von persönlichen Defiziten“. Da brauch ich nicht so viel Startkapital und wenn, bekomme ich von Ihrer Bank bestimmt einen Kredit, oder? .-)

Hier schon mal meine konkreten Empfehlungen für Ihren nächsten Flug: Sollte der Flug wieder nach Stuttgart gehen, empfehle ich Ihnen eine vorherige Abstimmung mit mir. Wie Sie sehen, schreibe ich Ihnen gerade einen privaten Brief, aber das ganz auf Hochdeutsch. Noi,noi, wissad se, dess wär oheimlich kombliziziert, so a schwäbischs brieafle zu schreiba, weil do dädad sie nix mehr verstanda, oder haben Sie ernsthaft geglaubt, die Schwoba dädad dia brieaf uff schwäbisch schreiba?

Übrigens, da ich nicht immer im „Netz" bin, wenn ich unterwegs bin, ist es wahrscheinlich besser, wenn Sie mir (nur wenn Sie wollen) eine Handy-Nummer oder Ähnliches geben könnten, dann könnte man so einen Kaffee u. U. auch mal ganz spontan organisieren.

Noch einen schönen Abend und eine schöne Weihnachtszeit und schöne Grüße aus dem Schwabenland

Gottlieb Mackrodt

Hallo Herr Mackrodt,

ist es frech, wenn ich sage, ich habe mich schlapp gelacht beim Lesen der Mail?

Natürlich habe ich nicht geglaubt, dass Sie privat auf Schwäbisch a briefle schreiba.

Das mit dem Geschäftsmodell „Coaching von privaten Defiziten“ ist eine gute Idee.

Bei der Kreditvergabe muss ich passen. Ich bin im Privatbanking tätig und nicht im Firmenkundenbereich.

Ich lege auch lieber Geld an oder eröffne Mietkautionskonten. Da sind die Kunden freundlicher. Wobei es heute sehr anstrengend war.

Die Grippewelle hat zugeschlagen und zwei Kollegen sind krank.

Gerne gebe ich Ihnen mein Handy-Nummer: 0163-7318699

Bitte lange, lange klingeln lassen, meine Handtasche ist zu groß, es ist zu viel darin und mein Handy ist nie dort, wo ich es hingelegt habe. ☺

Eine schöne stressfreie Woche
Lea Kaiser

18. Dezember 2007, 11:05 Uhr

Guten Morgen Frau Kaiser,

es macht Spaß, mit Ihnen zu mailen. Ich glaube, Sie verfügen über eine ausgeprägte kabarettistische Ader („mein Handy ist nie dort, wo ich es hingelegt habe",... herrlich!). Ich finde es toll, dass Sie sich schlapp gelacht haben beim Lesen. Hauptsache, Sie werden nicht krank davon. Ich meine sowieso, dass sich das Leben nur ertragen lässt, wenn man sich ein paar Verrücktheiten bewahrt, denn der Lebensernst hat einen doch zu häufig in der Kralle – z.B. bei mir heute... To dos ohne Ende.

Ich denke, den gemeinsamen Kaffee oder Tomatensaft sollten wir uns nächstes Jahr mal geben. Ich hoffe, Sie hören mein Klingeln, und wenn Sie das Handy dann immer mal wieder zwischendurch auffinden, sehen Sie ja dann u. U. eine SMS.

Darf ich fragen: Arbeiten Sie ganztägig? Dann wäre ja wohl nur mal ein Termin abends möglich, oder?

So, jetzt habe ich genug geflirtet. Ich wünsche Ihnen einen wunderschönen Tag.

Viele Grüße
Gottlieb Mackrodt
18. Dezember 2007, 23:04 Uhr

Hallo Herr Mackrodt,

mir geht es genauso wie Ihnen. Mir macht das Mailen auch Spaß.

Ja, ein paar verrückte Eigenheiten habe ich

schon (meine beste Freundin Ingrid sagt Macken dazu).

Ich ... habe mich daran gewöhnt. Es stört auch komischer Weise nur die anderen. ☺

Wenn ich meine Arbeitszeiten nenne, fällt mir wieder auf wie, gut ich es eigentlich habe:

Mo., Di., Do., 9–18 Uhr,

mittwochs und freitags habe ich frei.

Hannover ist von meinem Wohnort ca. 30 Minuten entfernt und der Flughafen Langenhagen ca. 40 Minuten.

Ich hatte einen schönen Tag, weil mein Bruder Geburtstag hatte, mir Ben (sein Golden Retriever) die Hose vollgehaart hat, mein Neffe mich bei der Playstation mitspielen ließ und meine Nichte (12 Jahre) stolz verkündete, ich sei eine ganz passable Tante.

So, nun wünsche ich Ihnen ein gutes Nächtle und für morgen Kraft ohne Ende.

Lea
20. Dezember 2007 16:06 Uhr

Hallo Lea,

(ich heiße Gottlieb und habe auch Mack(en) und hoffe, dass Du es ok findest, wenn wir uns zukünftig im „Du" mailen ... ob wir uns beim nächsten

Kaffee dann wieder siezen, können wir uns ja noch überlegen ☺)

Ich habe das jetzt mal einfach so gedacht, weil Du mir mit Deiner „Lea" am Ende die Vorlage geliefert hast und auch sonst als „ganz passable Tante" gesehen wirst.

Hoffentlich habe ich das nicht falsch interpretiert?!

Hänge nach wie vor im Drama-Dreieck von Terminen, Ressourcen und Leistungen und weiß noch gar nicht, wann dieses Jahr Weihnachten wird.

Alles Liebe, ich melde mich wieder.
Gottlieb

Dieser Satz ich melde mich wieder verlieh mir Flügel. *Oh, mein lieber Fred, mein verstorbener Mann, hättest Du Verständnis, wenn es jemanden in meinem Leben geben würde?*, fragte ich gedanklich.

Dieses Mailen erhellt einfach meinen Tag und Abend. Da ist jemand, der mir schreibt. Ich habe einen neuen Menschen kennengelernt – ohne dich. Wie lange ist das her? Ich kann mich nicht daran erinnern. Ich weiß noch, wie wir uns kennengelernt haben, in der Mühle, *in einer Disko-*

thek in Bergkirchen, August 1977.

Ich kannte dich vom SEHEN und habe dich gefragt, ob du dein Motorrad schon verkauft hast? Du hast gelacht und gefragt, woher ich das weiß, dass du dein Motorrad verkaufen möchtest. Da musste ich beichten, dass ich ein Gespräch belauscht hatte. So waren wir ins Gespräch gekommen und am Ende des Abends hatten wir uns für nächsten Samstag verabredet. An dem Samstag hattest Du mich nach Hause gefahren und ich hatte einen zarten Kuss auf die Wange bekommen. Ich hatte Schmetterlinge im Bauch gehabt, denn von da an waren wir zusammen. Verlobten uns, heirateten, bauten ein Haus, wurden Eltern von dem besten Sohn der Welt, gingen zusammen durch schwere Zeiten – bis uns dein Tod trennte!

Kapitel 2

Mein Neues Leben

25. Dezember 2007, 22:01 Uhr

Hallo Lea,

nachdem ich gestern mit der Familie gefeiert und heute für meine Tochter einen Kaufladen aufgebaut habe (sie ist 8 Jahre und dieser Wunsch ging bisher nie in Erfüllung), wollte ich jetzt nochmal ganz schnell aus dem Internet Unterlagen für eine Privatschule ausdrucken – und habe mich dann dabei ertappt, dass ich es spannend finde, von dir Mails zu bekommen, um nicht zu sagen, das ist so ein „kleines, ganz persönliches Weihnachtsfest" und ich finde dieses „kleine Geheimnis" von zwei Menschen, die sich zufällig begegnet sind und dann angefangen haben, miteinander zu kommunizieren, wirklich „erwärmend". Ich finde es sehr „süß", dass du mir schreibst, dass dein erster Weg morgens der zum PC ist. Ich könnte mir vorstellen, dass wir uns noch manches „Geheimnis" anvertrauen, weiß aber nicht, warum.

Wahrscheinlich fließt irgendeine Energie zwischen uns – jedenfalls finde ich das schön so.

Ich hatte es geahnt. Warum sollte so ein gutaussehender Mann noch zu haben sein?

Eine 8-jährige Tochter, VERHEIRATET! Ich will kein Geheimnis sein! Oh nein! Was soll ich denn nun machen?

Lass die Finger von dem Mann, er hat Familie! Mein Gewissen meldete sich stündlich.

Aber was mache ich denn? Ich schreibe doch nur? Ich gebe doch auch mit verheirateten Kollegen aus, ohne dass etwas passiert? Der Stil des Schreibens muss sich ändern als Erstes. Ich versuche es.

Rückblick: Das Jahr geht zu Ende, eins meiner schwersten Jahre.

02.05.2007

Ich lag auf der Terrasse und sonnte mich. Was für ein schöner, freier Tag.

Da klingelte das Telefon. Friedrich, Freds Kollege war dran und teilte mir mit, dass Fred im Streifenwagen zusammengebrochen war und nun in Neustadt im Krankenhaus lag. Es sehe wohl nach einem Schlaganfall aus. *Kann nicht sein*, dachteich. *Fred ist doch erst 52 Jahre alt.* Wir hatten doch erst 2006 Silberhochzeit gefeiert, mit all unseren Freunden und der Familie. Ich zog mir nur ein Kleid über und fuhr so verschwitzt, wie ich war, zum Krankenhaus.

Als ich auf dem Parkplatz ankam, kam mir Friedrich schon entgegen. „Lea, tut mir leid, aber Fred wurde ins Agnes Karll Krankenhaus verlegt, in Hannover.“

Warum verlegt man einen Schlaganfall-Patienten?, dachte ich.

Friedrich fuhr mich hin, ich ließ mein Auto in Neustadt stehen. Friedrich erzählte von dem Tag. Sie waren Kaffeetrinken in Steinhude gewesen, hatten noch den Fall, an dem sie zur Zeit arbeiteten besprochen, Fred stieg in den Streifenwagen ein, wollte sich anschnallen, der Arm fiel hinunter und Fred konnte nicht mehr sprechen, sondern nur noch lallen.

Mir zitterten die Knie. Die Ärztin kam mir entgegen. „Sind Sie Frau Kaiser?“

Ich nickte.

„Kommen Sie bitte mit.“

Friedrich durfte bei dem Gespräch nicht dabei sein. Friedrich nahm die Waffe, die Fred noch dabei gehabt hatte, und brachte sie zum Revier.

„Hat Ihr Mann sich verändert?“

Ich verstand die Frage nicht. „Wie meinen Sie das?“

„Ist Ihr Mann jähzornig geworden?“

„Nein."
„Aufbrausend?"
„Nein!"
„Hatte er Sehstörungen?"
„Ja, er konnte manchmal schlecht schauen und letztens hat er drei Kaffeetassen, anstatt sie in den Geschirrspüler zu stellen, daneben fallen gelassen. – Warum fragen Sie mich das alles?", fragte ich die Ärztin.
„Ihr Mann hat mehrere Hirntumore im Kopf; die drücken auf verschiedene Bereiche. Daher kommen die Ausfälle."
Mein Mann war nie krank gewesen, er hatte noch nicht mal eine Plombe im Mund.
Ich durfte zu ihm. Fred saß auf seinem Bett und versuchte, mit der linken Hand den rechten Arm zu heben, dabei sprach er undefinierte Laute aus. Sein Blick war leer. Ich fing an zu weinen. Die Schwester kam ins Zimmer und meinte: „Tränen helfen nicht", ich solle meinem Mann helfen, das, Essen, das gleich kommen würde, kleinzuschneiden, und ihn füttern.
Ich fütterte meinen Mann, der heute Morgen ganz normal zum Dienst gegangen war und innerhalb von sechs Stunden zum Pflegefall geworden war.
Friedrich brachte mich nach Hause. Mein Auto brachten irgendwann Kollegen vorbei.

Wie soll ich das meinem Sohn erzählen? Er ist mitten in der Ausbildung.

Sebastian kam mitten in der Nacht zu mir. Wir weinten zusammen und hatten solch eine Angst.

Am nächsten Tag fuhren Sebastian und ich zu Fred. Die Ärzte hatten ihm Cortison gegeben, damit der Hirndruck nachließ.

Er hatte uns erkannt. Aber Jahreszeiten, Uhrzeit, vieles war weg. Sebastian hatte im Krankenhaus für seine Abschlussprüfung gelernt, wenn Fred schlief. War Fred wach, hatte Sebastian seinem Vater mit viel Gefühl die Sachen, die er vergessen hatte, wieder beigebracht.

Nach einer Woche durfte Fred nach Hause. Er hatte schon fünf Kilo abgenommen. Die Ärzte wollten es mit einer Bestrahlung und Chemo versuchen, eine Operation war aufgrund der Lage der Tumore nicht möglich. Nach einer Woche verschlimmerte sich Freds Zustand wieder; die Dosis der Tabletten wurde erhöht.

Am Freitag, den 01.06.2007 bekam Fred seine erste Bestrahlung. Auf dem Heimweg von der Bestrahlung sprach Fred davon, was geschehen sollte, wenn er es nicht schaffen würde. Wir weinten, hielten uns wie Ertrinkende aneinander fest.

„Lea, bitte bleib nicht allein, du bist zu jung“, hatte er gesagt. Fred hatte Angst, dass das Geld nicht reichen könnte, dass ich das Haus nicht halten könnte, dass die Beerdigung zu viel kosten würde. Aber am meisten tat ihm weh, dass er kein Opa sein konnte. Er hatte immer gehofft, ein junger Opa zu werden, – egal ob Mädchen oder Junge.

Am Samstagmorgen – Sebastian und Anke wollten sich von uns für den Tag verabschieden, weil sie zu Freunden fahren wollten; ich zog Unkraut im Blumenbeet vorm Haus, Fred saß auf unserer Bank davor –, da hörten wir wie, Fred anstatt *Tschüss* sagte: „ Grillen, Jürgen!“

Sebastian und Anke nahmen Fred mit ins Haus, ich rief den Arzt im Krankenhaus an, um zu fragen, was wir noch tun konnten. Die Tablettendosis wurde noch einmal erhöht.

Fred ging es immer schlechter, um 16 Uhr fuhren wir alle mit Fred ins Krankenhaus.

Ich hatte die Familie und Freunde angerufen und gesagt, wer sich verabschieden möchte, der solle bitte jetzt vorbei kommen.

Fred schlief in unseren Armen – Sebastians, Ankes und meinen – am 03.06.2007 ein. Genau 4 Wochen nach der Diagnose *Hirntumor*.

Aber die Welt drehte sich weiter.

Das „Neue Jahr 2008“ begann und damit die Hoffnung auf Lachen und Freude.

Seit Silvester telefonierten Gottlieb und ich öfter.

In einem dieser Telefonate hatte ich Gottlieb auch von Freds Tod erzählt. Gottlieb war ein toller Zuhörer mit so viel Feingefühl. Dieses Telefonat hatte, glaube ich, zweieinhalb Stunden gedauert.

Aber auch SMS schrieben wir uns. Eben *short*.

In der nächsten Mail redeten wir über unsere Sternzeichen und die Eigenschaften. Er war Wassermann und ich? Fisch – nein, falsch. Schütze!

Nach den Sternzeichen und ihren Eigenschaften teilten wir uns gegenseitig unseren Musikgeschmack mit. Wir liebten beide unter anderem die Musik von Eric Clapton, „Mr. Slowhand".

Ich schrieb ihm am 11, Januar, dass ich Fenster putzen würde – aber auch diese unverfänglichen Themen schafften eine weitere Vertrautheit zwischen uns. Am Freitag, den 11. Januar 2008 telefonierten wir. Ich mochte seine Stimme, die Pausen beim Reden, das intensive Zuhören. Ich hatte mich verliebt.

Am 16.01.2008 kam Gottlieb nach Wolfsburg. Er hatte dort einen Termin!

„Bitte komm und lass uns dort einen Kaffee trinken oder Tomatensaft, Bier?", hatte er geschrieben.

„Nein, das geht nicht", war meine Antwort gewesen.

„Du hast doch Deinen freien Tag?"

„Ja. Aber ich muss doch morgen früh in Hannover arbeiten.

„Dann bitte übernachte doch hier im Hotel (es ist ein Tagungshotel, direkt an der Autobahn) und fahr von dort aus zur Arbeit!“

„Ok, wir lassen das Schicksal entscheiden: Ist ein Hotelzimmer frei, komme ich nach Wolfsburg und übernachte dort, damit wir mehr Zeit zum Reden haben.“

In mir brodelte es. *Was mache ich?* Da kam sein Anruf. Ein Einzelzimmer sei noch frei.

Ich machte mich auf den Weg, gegen 18 Uhr sollte ich dort eintreffen.

Vorher rief ich noch meine Freundin Ingrid an, um ihr mitzuteilen, dass ich mich mit Gottlieb treffen würde. Ingrid redete mir ins Gewissen, ich aber redete mich raus mit den Worten: „Ich gehe auch mit verheiraten Kollegen aus, ohne dass etwas passiert.“

„Du hast Dich doch schon längst verliebt, oder?“, fragte sie mich.

Ich antworte darauf nicht.

Es war stockdunkel auf dem Parkplatz vor dem Hotel. Da klingelte mein Handy. „Wo bist Du?“

„Auf dem Parkplatz“, antwortete ich.

„Wo denn da?“

„Ich weiß auch nicht genau.“

„Ok, steig einfach aus. Ich finde Dich."

Ich öffnete die Autotür und hörte Gottlieb Mackrodt laut – die Betonung liegt auf *laut* – rufen: „Lea wo bist du?"

„Hier! Nicht so laut!"

Ich musste lachen. So ein verrückter Mann. Da stand er auch schon vor mir.

Die Umarmung war freundschaftlich, mehr nicht. Wir gingen zusammen einchecken. Ich stellte meinen Koffer im Zimmer ab und wir gingen ins Hotelrestaurant. Ich saß rechts von ihm. Nach einer halben Stunde fragte Gottlieb, ob er auch mal meine andere Seite kennenlernen dürfte? Im Flugzeug hatte er auch schon links von mir gesessen. Wir tauschen die Plätze und lachen.

So verging die Zeit, ohne dass wir es merken. Hunger verspüren wir beide nicht. Wir waren wohl zu aufgeregt. Gottlieb erzählte liebevoll von seiner Tochter Katharina. Er erzählte so lebendig, dass ich sie mir richtig vorstellen konnte.

Ich fragte Gottlieb auch nach seiner Frau.

Sie hieß Bertha, sei eigentlich eine liebe Frau, aber ständig krank und ständig überfordert. Bertha hatte ständig Migräne, da sei ein normales Eheleben fast unmöglich. Aus den Erzählungen von Katharina hatte ich schon herausgehört, dass er sehr viel mit seiner Tochter und seiner Schwiegermutter Else unternahm. Er lachte und sagte: „Die Leute sagen, wenn sie uns sehen: *Das Dreiergespann zieht wieder los*."

„Bist du glücklich?", fragte ich.

„Was ist schon Glück? Ich weiß es ehrlichweise gar nicht. Mir geht es finanziell gut, ich habe einen spannenden Job, ein Haus, eine tolle Tochter, ich kann mir Urlaub leisten. Ist das Glück? Seine Gedanken schweiften ab und seine Augen schauten irgendwie traurig. „Das muss jeder für sich beantworten", schloss er.

„Oh, so spät schon?", sagte ich. „Ich muss morgen um acht Uhr in Hannover sein. Wir sollten uns verabschieden."

„Ja, du hast recht, ich bringe dich noch auf dein Zimmer."

Wir gingen schweigend bis vor meinem Zimmer. Ich streckte ihm meine Hand entgegen, er nahm meine Hand fest in seine, mein Herz klopfte so, dass er es sicher hören konnte.

„Es war ein wunderschöner Abend, ich habe mich in deiner Gegenwart so wohl gefühlt wie schon lange nicht mehr", sprach er. Er hielt meine Hand noch immer fest.

Ich konnte nicht reden. Langsam kam sein Mund näher, ich schloss die Augen und spürte einen zärtlichen Kuss, der nicht aufhören wollte. Wir umarmten uns und küssten uns erneut. Wir gingen ins Zimmer und knutschten nun wie Teenies stehend hinter der Tür. Ich zog langsam meine Jacke aus mir wurde heiß und kalt.

Am nächsten Morgen stand ich um sechs Uhr auf, ohne Frühstück, checkte aus dem Hotel aus und machte ich mich auf den Weg zur Arbeit. Das Radio im Auto stellte ich aus. Die Autobahn war voll wie immer, aber irgendwie machte mir das nichts aus. Meine Gedanken kreisten um Gottlieb. In Zeitschriften hatte ich schon oft gelesen, dass Männer, die ihre Frauen betrogen, Sätze sprachen wie: *Sie versteht mich nicht. Wir führen schon lange keine richtige Ehe mehr. Ich bin unglücklich* und so weiter.

Möchte ich eine Geliebte sein? Eine Frau, die eine andere Frau unglücklich macht? Eine Frau, die der Tochter ihre heile Welt zerstört?

NEIN! Das möchte ich nicht. Noch ist es nicht zu spät, die Reißleine zu ziehen.

Kaum auf der Arbeit, meldete sich Gottlieb per SMS bei mir. Er habe kaum geschlafen, er habe meine Küsse noch gespürt, er habe so etwas noch nicht erlebt. „Ich habe nur bis 16 Uhr einen Termin in Wolfsburg. Kann ich dich besuchen kommen? Bitte sag ja, ich muss mit dir reden."

„Ja, ich bin um 17 Uhr zuhause. Ich freue mich

auf dich!“ Hatte ich das wirklich geschrieben?

Wie ich den Arbeitstag überstehen konnte? Keine Ahnung. Ich war nur körperlich anwesend. Meine Gedanken waren ganz woanders. Zuhause angekommen packte mich die Panik. *Was ziehe ich an? Ist das Haus sauber?* (Bei mir war es fast immer sauber.) *Wo setze ich mich hin auf der Couch? Nur nicht zu dicht! Mein Gott, ich benehme mich ja wie 16 und nicht 48 Jahre.*

Es klingelte. *Das ist er!* „Hallo“, piepste ich – obwohl meine Stimme ansonsten eher eine dunkle war.

„Hallo, ich bin etwas aufgeregt“, sagte Gottlieb und kam herein.

„Echt? Ich nicht. Ich empfange ja jeden Tag Männer in meinem Haus.“

„Ich wusste nicht, was ich mitbringen sollte. Welche Blumen magst du? Welche Farbe? Ich habe mich daher für eine bunte Tüte entschieden: Ich habe alles gekauft, was einen schönen Namen hat.“

„Bitte setzt dich doch erst einmal.“

„Nein, vorher muss ich deine Lippen spüren, damit ich weiß, dass ich nicht geträumt habe.“

Es folgte ein langer Kuss.

Ich nahm die Tüte – eine Marktkauf-Tüte – und holte Bahlsen-Kekse heraus mit dem Namen *Ohne*

Gleichen, einen Tee mit dem Namen *Balance*, einen weiteren Tee namens *Sweet Kiss* und eine Flasche Chianti.

„Du bist so wundervoll verrückt, so etwas Schönes hat mir noch keiner geschenkt."

Gottlieb wurde ernst: „Was ist mit uns geschehen? Lea, solche Gefühle hatte ich noch nie. Ich habe das Gefühl, dass aus einem Schwarzweißfilm plötzlich ein Farbfilm wird. Es ist so einfach mit dir! Ich komme aus einer pietistischen Welt und dies ist für mich wie ein Wunder. Meine Mutter hat mich sehr streng erzogen. Kein Fußball spielen, keine Disco, keine Mädchen und so weiter. Ich hatte vor Bertha eine Freundin, Birgit; mit der hatte ich einmal Sex im halben Jahr. Die Ehe mit Bertha ist seit Jahren vorbei, wir haben seit zwei Jahren keinen Sex mehr, weil es ihr immer schlecht geht, sie ständig mit Katharina überfordert ist. Ein Familienleben findet bei uns gar nicht mehr statt. Bertha bleibt zuhause und ich gehe mit Katharina und Else, meiner Schwiegermutter, essen und spazieren. Diese Harmonie, wie zwischen uns, habe ich noch nie gespürt. Außerdem bist Du die erste Frau, die ich möchte!"

„Trägst Du deshalb keinen Ehering?", fragte ich zaghaft.

„Ja, außerdem hat Bertha ihren Ehering schon vor Jahren weggeworfen."

Gottlieb legte den Arm um meine Schultern, küsste mich immer wieder zwischendurch und trank mir zuliebe Chianti, obwohl er gar nicht so gerne Rotwein mochte. Es wurde spät.

Ich ergriff die Initiative und frage ihn: „Magst du mit mir hoch gehen?“ – ich sehnte mich auch nach körperlicher Liebe.

Wie schön es war, neben ihm aufzuwachen, seine Arme zu spüren, in sein lachendes, schelmisches Gesicht zu schauen. Ich hatte mich mehr als verliebt. Warum gerade in einen verheirateten Mann?

Am Frühstückstisch redete ich ununterbrochen, ich weiß gar nicht mehr, was ich ihm alles erzählt habe. Goddy, so nannte ich ihn ab dem Tag – den Namen hatte ihm seine Schwester Elfriede gegeben – war in sich gekehrt und hörte aufmerksam zu. Der Abschied nahte. „Sehen wir uns wieder?“

Wir simsten täglich und schrieben uns E-Mails. Wir erzählten uns vom Tag und von den Nächten, wenn wir uns gegenseitig fehlten. Goddy hatte ein eigenes Zimmer in seinem Haus. Ich hatte mich schon oft gewundert, dass er abends mit mir telefonieren konnte. Bertha ging immer sehr früh ins Bett. Wenn Katharina nicht schlafen konnte, war er bei Katharina und rief anschließend an.

Goddy schrieb mir ein wunderschönes Gedicht

über den Nordstern, wie fest die Sterne verankert sind.

„Was wäre, wenn ich morgen Abend schon vor deiner Türe stehen würde?“, schrieb er eines Abends plötzlich, „Sag doch bitte nein!“

Goddy war verrückt! Er würde morgen, am 16.01.2008 mit dem Auto anreisen und zwei Tage bleiben.

Unglaublich! Zwei volle Tage nur für uns. Gemeinsam frühstücken – mag er Müsli oder lieber Käse und Ei? Ich bin so aufgeregt.

Dann stand er schon vor der Tür.

Am nächsten Morgen stellte ich fest, dass er beides zum Frühstück mochte. Gegen 11 Uhr gingen wir zusammen einkaufen. Ich stellte mich an der Fleischtheke an und bat ihn, tiefgefrorene Backkartoffeln zu holen. Er stand hilflos vor der Kühltruhe. Ich konnte es nicht fassen.

„Gehst du nie einkaufen?“

„Nein, eher selten.“

Goddy ging beruflich fast ausschließlich auswärts essen. Zu Mittag bereiteten wir ein Rindersteak mit Salat und Backkartoffeln zu. Am nächsten Tag aßen wir dann Fisch im *Alten Forsthaus* in Blumenhagen. Dazwischen gab es viele Küsse, Umarmungen, Liebe und viele Gespräche.

SMS, Freitag, den 18.01.2008, 11:48 Uhr

Jede Umarmung und jeder Kuss war ehrlich und soll Dir sagen, ich liebe Dich, egal was sonst noch ist. Ich umarme Dich und küsse Deine weichen Lippen, Du bist ein Goldschatz, Gottlieb

SMS, 29.01.2008, 23:26 Uhr

... und weil ich weiß, dass Du jetzt eh nichts mehr liest, kann ich Dir ja auch gestehen, dass ich mich unsterblich in Dich verliebt habe. Man hört, dass dies menschlich sein soll. Und nun schlafe ich wirklich.

Am 31.01.2008 kam Goddy mich erneut besuchen. Es war kalt und frostig. Wir fuhren nach Steinhude und verbrachten einen wundervollen Tag.

E-Mail vom 05.02.2008, 22:08 Uhr

Meine geliebte Lea,

wie soll ich Dir sagen, was in mir vorgeht – ich

vermag es fast nicht auszudrücken. Zuhause fällt meinen Mädels auf, dass ich wenig rede, sie sind sehr lieb zu mir und meinen wahrscheinlich, ich hätte zu viel Arbeit, was ja stimmt. Meine Frau sagt auffallend oft, dass sie mich lieb hat, und Katharina versucht ihrem Papa, wo es geht, ein bisschen Zeit zu „stehlen“. Aber sie ahnen nicht, welche Tiefen ich durchdenke und durchfühle und welche Leidenschaft in mir brennt. Sie ahnen nicht, dass ein bis vor Kurzem noch völlig unbekannter Mensch in mir einen Prozess ausgelöst hat, von dem ich im Moment nicht weiß, wie weit ich ihn überhaupt steuern kann. Aber ich muss ihn steuern, alles andere wäre aus jetziger Sicht die totale Verantwortungslosigkeit. Obwohl ich natürlich ahne, „warum“ dies passiert ist, überrascht mich die Intensität und die Wucht. Das ist nicht einfach „Fremdgehen“, welch blödes Wort. Hier geht es um die unabhängig von meinen jetzigen Lebensumständen sich im Hirn formierende Hoffnung auf eine alles in allem doch noch glückliche Zukunft, denn von Glück konnte in der Vergangenheit nicht die Rede sein – oder verlange ich zu viel vom Leben? Das „Schlimme“ ist, dass es aus meiner Sicht nicht irgendwelche unterleibs- und lustgesteuerten Sehnsüchte und unbefriedigten Triebe sind, die dieses zumindest Anfangsstadium an Zerrissenheit erzeugen, auch wenn Du natür-

lich auch in dieser Hinsicht alle Träume erfüllst und darüber hinaus noch so unendlich viel mehr. Nein, es ist so etwas, wie Du es von der Fernsehsendung beschrieben hast, ein Gefühl von Vertrauen, Erotik und von einer gefühlten Harmonie in der Sicht auf unsere Welt. Das und noch sehr viel mehr. Manchmal denke ich, dass ich blind bin und glaube, über Farben reden zu können, die ich eigentlich gar nicht kennen kann.

Ich weiß, dass Du mir gesagt hast, dass ich mich jetzt nicht „entscheiden" soll oder muss und dass ich mir nicht zu viel abverlangen darf, aber mein Gefühl nimmt die Tiefe des Konflikts vorweg.

Kann ich einen Scherbenhaufen hinterlassen, ein Maß an Unordnung und Traurigkeit, die mich am Schluss noch unglücklicher machen als jetzt?

Du bist nicht irgendwer – Du bist Lea Kaiser und wenn ich Gottlieb heiße, bist Du für mich eine Göttin. (Ich weiß, dass Du keine „Göttin" bist, aber mein Gefühl sucht dieses helle Licht, diesen heißen Stern, diese Venus ... diese Wärme ... diese Kraft.)

Während ich diese Zeilen schreibe, spüre ich, dass mir dies hilft, denn wem sollte ich es denn sonst sagen.

Bitte atme jetzt mal ganz langsam durch: Ich

möchte Dich ganz lange küssen ... und ganz fest drücken.

Du hast mir gestern Abend geschrieben: I miss you. *Ich dachte das gleiche.*

Was mir aber ganz wichtig ist: Ich möchte Dich trotzdem sehen, es sei denn, Du sagst jetzt, dass Dir das jetzt schon zu „kompliziert" ist.

ICH HAB DICH SO LIEB!
Dein Gottlieb

Diese Mail hätte ein erster Hinweis auf die Tragödie sein können, die folgen würde. Aber ich konnte oder wollte das zu diesem Zeitpunkt nicht sehen.

06. Februar 2008, 07:49 Uhr

Lieber Gottlieb,

ich habe mir diesen Brief ... keine Ahnung wie oft durchgelesen. Mir laufen die Tränen herunter. Ich spüre Deine Zerrissenheit, das macht mich unendlich traurig.

Kann ich einen Scherbenhaufen hinterlassen, ein Maß an Unordnung und Traurigkeit, die mich am Schluss noch unglücklicher macht als jetzt? –

NEIN!

Wenn es für Dich einfacher ist, weiter zu leben, so wie dein Leben vor unserem Kennenlernen war, dann schweig, behalte mich als Dein Geburtstagsgeschenk in Erinnerung. Ich habe Dich lieb, ich möchte Dir nie wehtun, ich möchte, dass Du glücklich bist. Auch wenn das für mich bedeutet zu gehen.

Lea

06 Februar 2008, 09:07Uhr

Guten Morgen meine geliebte Lea,

Deine Worte vertiefen mein Gefühl für Dich ... und sie tun mir gleichfalls weh. Ich weiß, dass ich zu Dir kommen muss, aber ich kann nicht schweigen. Gib uns Zeit!

Ich will nicht glauben, dass alles ein Spiel mit dem Feuer war. Ich will nicht glauben, dass unsere Begegnung Zufall war. Ich will nicht glauben, dass sie außer einem Geburtstagsgeschenk keine Bedeutung für uns haben soll.

Und trotzdem spüre ich die Realität. Die Zeit wird uns zeigen und weisen. Wir haben eine Verbindung, die – so oder so – niemand mehr trennen kann.

In Liebe
Gottlieb

Am 07.02.2008 war Goddys Geburtstag. Wie gerne wäre ich bei ihm gewesen. Ich hatte Sehnsucht.

Ich schenkte Goddy ein Buch mit Gitarrennoten von Bob Seger. Das Geschenk schickte ich an seine Arbeitsstelle. Goddy liebte den Song *Against the Wind.* Ja, der Song passte zu seinem jetzigen Leben. Überhaupt tauschten wir uns auch sehr viel über Musik aus. Wir liebten beide die Musik von Erik Clapton, „Mister Slowhand“. Ich hörte zu dieser Zeit immer wieder Erik Claptons *Get Lost.* Wir träumten davon, eines Tages zusammen ein Konzert von Erik Clapton zu besuchen. Egal wo.

Wir kommunizierten nun fast ausschließlich per SMS.

Ich buchte einen Flug nach Stuttgart für Mittwoch, den 13.02.2008, Rückflug für Freitag, den 15.02.2008 – trotz der Flugangst, die Sehnsucht war stärker. Ich buchte das Hotel ONE, Heilbronner Str. 325, 70469 Stuttgart.

Es lag zentral am Bahnhof. Goddy holte mich aber direkt vom Flughafen ab. Am Telefon bat mich Goddy, ich sollte nicht traurig sein, wenn er mich nicht richtig mit Kuss begrüßen könne, aber Bertha war Stewardess bei Lufthansa und er kannte auch noch viele, die dort arbeiteten. Ich dachte: *Willkommen in der Heimlichkeit*. Als ich ankam, war aber alles anders. Er sah mich und umarmte mich so fest, dass mir fast die Luft weg blieb.

„Komm Schatz, schnell ins Auto, damit ich dich richtig küssen kann."

Goddy zeigte mir sein Stuttgart: wo er gearbeitet hatte und welche Plätze er in Stuttgart besonders mochte. Im Hotel angekommen, öffnete Goddy die riesengroßen Fenster und stellte einen Sessel – in dem wir dann eng angekuschelt saßen – direkt vors Fenster. Es war ein sonniger, kalter Februar, wir behielten die Jacken an und genossen die Sonne. Irgendwann wurde uns warm und wir schlossen das Fenster.

Goddy fuhr kurz nach Hause und kam kurze Zeit später wieder. Wir gingen durch Stuttgart und beschlossen, zum Mexikaner essen zu gehen. Goddy bestellte sich einen Salat, aß aber letztlich sehr wenig davon. Mir war eh schon aufgefallen, dass er kaum Appetit hatte. Ich dagegen fühlte mich wohl in seiner Gesellschaft und aß brav alles auf. Als der Kellner an unseren Tisch kam – er sah aus wie der Politiker Günter Oettinger – und nach weiteren Wünschen fragte, sagte Goddy: „Ich unterhalte mich so gut mit meiner Freundin, dass ich kaum zum Essen komme."

Goddy sah mich an und sagte: Es tut gut, einmal auszusprechen, dass ich eine Freundin habe, wem soll ich es denn sonst erzählen?"

Anschließend gingen wir wieder ins Hotel. Goddy hatte einen Kassettenrecorder, CDs von Erik Clapton und eine Flasche Rotwein mit aufs Zimmer geschmuggelt. Es war eine wunderschöne Nacht und ich habe mich sehr geliebt gefühlt.

Das schlechte Gewissen kam, als sein Handy klingelte und Bertha am Telefon war. Sie wünschte ihm einen schönen Sauna-Abend.

Den nächsten Tag verbrachte ich mit meinem Sohn. Am Freitagmorgen flog ich nach Hause.

Wir schrieben uns unzählige SMS. Wir telefonierten abends stundenlag, wir verspürten eine nie gekannte Sehnsucht.

Goddy kam am 26.02. und 27.02.2008 mit dem Auto zu mir. Goddy schrieb mir fast an jeder Raststätte eine SMS, wo er nun war: *17:11 Uhr: Kassel, längere Kaffeepause, 12 Grad, denke nur an Dich, noch 196 km.* Der Abschied war schwer wie immer, aber unsere Liebe wurde intensiver.

SMS, 28.02.2008,11.52 Uhr

Liebe Lea, habe meiner Schwägerin Helga erzählt, dass es eine andere Frau in meinem Leben gibt, sie war geschockt, bitte denk an mich, dein Südstern

Auch ich hatte Goddy ein Gedicht geschrieben, daher der *Südstern*.

Ich hatte Angst, dass Bertha von unserem Verhältnis durch jemand anderen erfährt.

Am 01.03.2008 berichtete Goddy seinem Freund Eberhard von unserer Liebe.

SMS, 02.03.2008, 10:30 Uhr

Guten Morgen meine Liebe, ich habe heute Nacht kein Auge zugemacht. Es geht langsam an die Substanz. Ich möchte mit Dir reden und Dir nahe sein, Eberhard war bis eben hier beim Frühstücken. Ich versuche heute noch irgendwas Sinnvolles zu machen. Lass uns heute Abend telefonieren. In tiefer Liebe Dein Goddy

SMS, 02.03.2008, 22:03 Uhr

Bitte sei mir nicht böse, wenn ich mich nochmal melde. Ich liebe Dich, Lea, ich liebe dich, Dein Goddy

Am 05.03.2008 bist Du mit Blumen von Frau Benz (die Dich schon kennt, mit schwäbischem Dialekt fällt man halt auf) und Kuchen angereist. Am Abend sind wir zusammen nach Wolfsburg gefahren, weil Du dort am nächsten Tag einen Termin hattest. Ich habe gemerkt, dass Du Dich nicht wohl gefühlt hat, das Gewissen quälte Dich. Du hast Ausschlag bekommen. Bertha rief am 06.03.2008 an, um Dich nach der Zoohandlung zu fragen und beschwerte sich über Katharina, die ihre Schuhe nicht anziehen wollte. Bertha war völlig überfordert.

Langsam, nur sehr langsam begreife ich, aus was für einer Welt Du kommst. Bei unserem Abschied habe ich wohl schon gespürt, dass es ein Abschied für immer wird.

Kapitel 3

Ein langer Abschied

Montag, der 10 März 2008

Du hast mich angerufen und geweint. Aus Dir ist alles rausgebrochen, im wahrsten Sinne. Bertha hat Dich beim Frühstück gefragt, „warum Du so scheiße aussiehst?“

Du hast Katharina zur Schule gefahren, hast Dich beim Arbeitgeber krankgemeldet, bist zurück zu Bertha gefahren und hast ihr geantwortet: „Weil ich mich in eine andere Frau verliebt habe.“

Für Bertha ist eine Welt eingestürzt. Sie hat wohl so reagiert wie jede Frau reagieren würde. Geweint, getobt, Teller aus dem Küchenschrank auf den Boden geworfen. Gefleht, Dich angeschrien, Dich mit Katharina erpresst.

Du hast mir mitgeteilt, dass Du mit Bertha eine Paar-Therapie machen möchtest. Du weißt nicht, ob wir eine Chance haben.

Bertha lässt Dich und Katharina im Stich und fährt in den Schwarzwald.

SMS, 12.03.2008, 09:21 Uhr

Es ist schwer für mich, aber im Moment heißt das, dass wir unsere Beziehung abbrechen müssen. Es ist die letzte, kleine Chance für meine Familie. Sonst geschieht hier eine Tragödie, obwohl sie eigentlich schon eingetreten ist. Bitte, Lea, versteh mich und verzeih mir das Leid, das ich auch Dir zugefügt habe. Ich bin am Ende und kann aus meinen gelegten Strukturen nicht ausbrechen. Ich habe nicht die Kraft, ein neues Leben anzufangen und ich sehe, wie alle nur noch weinen. Ich weiß nicht mehr, was ich sagen soll.

Mail an Goddy, 12. März 2008, 11:12 Uhr

Lieber Goddy,

gerade kam Deine SMS. Ich weiß auch nicht, was ich sagen soll.

Nein, verstehen kann ich Deine Entscheidung nicht, aber akzeptieren! Ich bin unendlich traurig, ich hatte so gehofft, dass es eines Tages ein Wir *für uns geben würde. Wahrscheinlich lag es daran, dass ich durch Dich plötzlich Farben erkennen konnte und meine Welt nicht nur aus Trauer und Schwarz bestanden hat. Ich wünsche Dir, dass das die richtige Entscheidung für Dich und Katharina ist. Dass ich Dich sehr liebe, weißt Du. Wann immer Dir danach ist, ruf mich an, sende mir eine SMS, denk an mich (ich werde es spüren).*

Deine Lea

Liebe ist schwer zu finden,
leicht zu verlieren
und schwer zu vergessen!

SMS, 13.03.2008, 09:00 Uhr

Liebe Lea, meine private Mail-Verbindung ist tot. Nach erneutem nächtlichem Kampf will sich Bertha jetzt scheiden lassen, weil sie nicht damit klarkommt, dass es eine andere gibt. Trotz meiner Liebe zu Dir empfinde ich unendlichen Schmerz. Ich weiß im Moment nicht mehr, was ich tun soll. Ich fühle große Verantwortung für mein Kind. Zum Arbeiten bin ich zu schwach. Es ist trotz aller Schmerzen schön, dass es Dich gibt, Dein Goddy

SMS, 15.03.2008, 15:45 Uhr

Liebe Lea, ich habe gerade Besuch von meiner Schwiegermutter und versuche, meinen Alltag zu organisieren. Nächste Woche hat Kathi Ferien und ich muss das irgendwie in Einklang mit meinem Job bringen. Meine Frau ist bis mindestens Dienstag im Schwarzwald. An der Tatsache, dass ich ausziehen muss, führt wohl kein Weg vorbei. Ich glaube, dass ich in der Stille und mit mir selbst allein meinen Weg erspüren muss, in Liebe Goddy

SMS, 15.03.2008, 22:52 Uhr

Schlaf gut auf Deinem Nordstern. Es ist schön, von einer anderen Welt zu wissen. Mit 50 trete ich eine Reise ins Unbekannte an und weiß nicht mehr, wer ich danach sein werde. Gute Nacht, meine liebe Lea

SMS, 16.03.2008, 18:01 Uhr

Liebe Lea, ich bin bei meiner Schwester, Sie baut mich gerade auf. Danke für Deine Zeilen. Danke für Deine Kraft, Danke für Deine Liebe, Kuss Goddy

SMS, 16.03.2008, 22:19 Uhr

Schlaf gut, es ist schön, dass es Dich gibt, Dein Goddy

SMS, 16.03.2008, 22:06 Uhr

Hallo Lea. Der Zustand ist äußerst dramatisch, aber mach Dir keine Sorgen und Vorwürfe. Meine Frau stand kurz vor dem Suizid. Es war ein dramatischer Tag, aber ich denke, sie ist in Sicherheit. Ich brauche Zeit, ich wünsche Dir eine ruhige Nacht, ich umarme Dich, Goddy

SMS, 16.03.2008, 22:22 Uhr

Und ... ich habe Dich lieb!

Mail, 17. März 2008, 14:31 Uhr

Lieber Goddy,

nicht eine Sekunde habe und werde ich vergessen!

Mail, 26.März 2008, 11:17 Uhr

Lieber Goddy,

ist Deine Frau wieder zuhause? Wie geht es Dir und Katharina?

Wie ist der Stand der Dinge? Hast Du Haltepunkte für Deine Ehe gefunden?

Gruß
Lea

Mail, 26 März, 22:34 Uhr

Liebe Lea,

meine Frau ist wieder zuhause. Die anderen Fragen kann ich Dir im Moment nicht beantworten, alles ist offen, ich suche meine innere Stimme, meinen inneren Halt. Ich suche das Urvertrauen zu mir selbst wieder.

Ich übernachte heute das erste Mal bei Gerd –

allein in seinem großen Haus. Schlaf gut. Du hast es verdient. Du kannst für alles gar nichts.

In liebevoller Umarmung
Goddy

Am 27. März rief Goddy mich von Gerds Festnetzanschluss an. Es war schön, seine Stimme zu hören. Ich spürte aber auch seine Zerrissenheit, den inneren Kampf, den er kämpfte. Goddy erzählte an diesem Abend von seiner Kindheit und warum er so mit sich kämpfte.

Goddy spürte, dass seine Schwäche mit seiner Erziehung zu tun hatte. Als Kind hatte er immer wieder gehört: *Aus dem kleinen Goddy wird nichts.*

„Der Bub redet nichts", hatte seine Mutter erkannt. Es hatte aber auch keiner mit ihm geredet. Die großen Geschwister waren aus dem Haus und Goddy hatte den älter gewordenen Eltern auf dem Bauernhof helfen müssen. Vieles war in seiner Erziehung verboten und Sünde gewesen. Nach seinem Abitur war er zum Bund gegangen und auch da hatte er Gewissenskonflikte bekommen. Er hatte nach einem Jahr nachträglich verweigert. Wie erwähnt, seine erste Freundin Birgit kam auch aus einer sehr christlichen Familie. Goddy hatte Betriebswirtschaft studiert und angefangen, bei einer amerikanischen Firma zu arbeiten. In der Zeit hatte er Bertha kennengelernt. Bertha war auch christlich erzogen worden, aber nicht so pietistisch. Bertha wollte Goddy, einen Mann der nichts forderte, nur gab. Goddys Mutter hatte Bertha nicht akzeptiert. Sie hatte sich für ihren jüngsten etwas anderes vorgestellt, eine Frau, die anpacken konnte, auf dem Bauernhof, und keine Stewardess, die um die halbe Welt flog. Goddy hatte sich Kinder gewünscht, Bertha noch nicht. Bertha hatte Goddy für sich allein gewollt, so hatten sich langsam alle Freunde verabschiedet. Es wurde viel gestritten im Hause Mackrodt, trotz Haus, schöne Reisen und Geld.

In der ganzen Zeit hatte Bertha sich schon dreimal scheiden lassen wollen. Bei einem dieser Auseinandersetzungen hatte sie ihren Ehering weggeworfen und Goddy hatte ebenfalls seinen Ehering abgenommen. Anschließend war ein Streit zwischen Bertha und Goddys Mutter eskaliert. Goddy hatte Bertha angefleht, still zu sein und sich nicht mit seiner Mutter zu streiten, doch sie hatte sich wohl Luft verschaffen müssen. Wenige Stunden später war Goddys Mutter an einem Herzinfarkt gestorben.

Bertha trifft nach meiner Auffassung keine Schuld. Ich nenne das Schicksal. Im Jahr 1997 hatte Goddy sich von Bertha scheiden lassen wollen. Aber er hatte es nicht geschafft, die Scheidung einzureichen. Auch die Brüder hatten kein gutes Wort für Bertha übrig gehabt, nur die Schwester Elfriede, eine warmherzige, liebe Frau.

1999 war Katharina geboren worden. Goddy war damals schon 41 Jahre alt gewesen. Aber das war sein schönstes Geschenk, sein Wunsch gewesen – nun würde alles gut und schön, hatte er gedacht.

Nein, leider nicht. Schon vor der Geburt hatte Bertha Angst vor der Geburt gehabt, vor den Schmerzen, vor der Verantwortung. Als Katharina endlich da war, hatten sich diese Ängste fortgesetzt. Keiner hatte Katharina auf den Arm nehmen dürfen. Als Katharina einen starken Durchfall als Baby hatte, war Goddy mit Katharina ins Krankenhaus gefahren. Bertha bekam regelmäßig Migräneanfälle fühlte sich ständig überfordert. Sie hatte Hilfe bei mehreren Ärzten und Psychologen gesucht. Sex fand nur einmal – wenn überhaupt – im Jahr statt. Für einen Mann im besten Alter nicht leicht. Dieses hatte auch eine Arbeitskollegin von Goddy erkannt, und so war er das erste mal fremdgegangen. Es war ein One Night Stand gewesen. Goddy war nun Geschäftsführer bei einem großen Unternehmen. Diesen Posten hatte er erhalten, weil andere erkannt hatten, dass er zuverlässig, gewissenhaft und durchsetzungsfähig war und seine Meinung sagte.

In seiner Ehe konnte er sich leider nicht durchsetzen und ließ die Demütigung durch Bertha zu. Er sei ein Langweiler, könne nicht küssen – was ich nicht so sehe, im Gegenteil, ich finde er küsst sehr gut. Der größte Vorwurf: Er sei nicht fähig, Katharina zu erziehen.

Ja, und diese Ohrfeige von Bertha, die er auch hingenommen hatte. Einmal hatte Bertha ihn mit einem Küchenmesser bedroht.

Bertha erinnerte Goddy an sein Ehegelübde: *Bis dass der Tod uns scheidet.* An seine Verantwortung, immer für sie und Katharina zu sorgen. Sie sorgte dafür, dass sein Schuldgefühl überdimensional groß wurde.

Goddy beichtete Bertha alles. Bertha verlangte die Löschung sämtlicher E-Mails und SMS' – das kannte er bereits, denn schon damals hatte Goddy alle Fotos von Birgit, seiner ersten Freundin, vernichten müssen. Des Weiteren musste er mich in ihrem Beisein anrufen und mir sagen, dass er mich nie geliebt habe, dass alles nur ein Irrtum gewesen sei.

Ich legte wortlos auf und verlor die Achtung vor diesem Mann.

Ab dem 20. März erhielt ich übelste Sprachanrufe

von Bertha auf meinem Anrufbeantworter: *Ich komme und bringe dir das Kind* (sie meinte ihre eigene Tochter damit, das war noch das harmloseste). *Ich werde mich mit deinem Chef in Verbindung setzten und ihm mal erzählen, was für eine Schlampe du bist.*

Ich kippe Salzsäure in dein Gesicht fand ich nicht mehr witzig. Daher kaufte ich mir ein Aufnahmegerät und zeichnete ab da die Gespräche auf. Vielleicht würde ich diese Aufnahmen irgendwann brauchen.

Am 07. April rief Bertha mich an, ich ging ans Handy, ich wollte dem ganzen Spuk ein Ende machen.

„Ich verlange als Erstes eine Entschuldigung von Ihnen."

Meine Antwort lautete: „Die können Sie von Ihrem Mann verlangen, aber nicht von mir! Ich habe Sie nicht betrogen!"

„Sie sind schuld, dass unsere Ehe kaputt geht!

„Nein, die war doch schon vorher kaputt, in eine intakte Ehe kann keiner einbrechen", erwiderte ich.

„Wollen Sie, dass mein Mann auch stirbt? Sie haben doch schon Ihren Mann unter die Erde gebracht!"

Das war zu viel, ich legte auf.

E-Mail, 15. April 2008, 12:46 Uhr

Liebe Lea,

bitte verzeih mir, wenn ich Dir wehgetan habe.

Ich weiß im Moment nicht, wie es weitergehen soll. Ich weiß nur, was ich nicht will (ich höre Dich).

Erklärung: Ich habe mal gesagt, ich weiß nicht immer, was ich will, aber oft, was ich nicht will. Und das heißt, eine solche Beziehung, wie ich sie mit meiner Frau gelebt habe, möchte ich nicht mehr.

Ich brauche Ruhe, Distanz und Frieden, dass ich innerlich spüre, wie ich aus diesem Sodom und Gomorra wieder herauskomme. Ich bin – und das habe ich vorher nicht bedacht – verstrickt in eine Katastrophe, weil ich mit meiner Frau nicht mehr reden kann und sich daraus auch bezüglich Katharina unabsehbare Konsequenzen ergeben.

Morgen unterschreibe ich einen Mietvertrag für eine Wohnung – ein nächster Schritt auf dem Weg zu mir selbst (hoffentlich!).

Liebe Grüße
Goddy

Gottlieb zog nur kurz in diese Wohnung.

Am 05. Mai 2008 rief Gottlieb bei mir an und weinte bitterlich. Er wisse nicht mehr weiter. Bertha entziehe ihm das Kind, wenn er ginge. Er könnenicht mehr schlafen, ständig drohe Bertha mit Selbstmord. Er könne nicht mehr arbeiten. Er wolle mit Bertha noch eine Paar-Therapie machen. Er wolle sein altes Leben zurück.

Ich habe ihn gebeten, mich nie mehr anzurufen.

Bertha rief am 18. Mai sowie am 19. Mai auf meiner Mailbox an. Meine Mailbox war voller Drohungen. Daraufhin schrieb ich ihr einen Brief und forderte sie auf, mich nie wieder anzurufen und schon gar nicht zu bedrohen, sonst würde ich sie anzeigen, wegen Stalking.

Am 28. Mai rief sie erneut auf meiner Mailbox an und teilte mir mit, dass nun jeder Nachbar über mich und Goddy Bescheid wisse. Sie habe jedem meinem Brief gezeigt und jedem erzählt, dass ihr Mann sie mit einer Schlampe aus Hannover betrogen habe.

Goddys Auto beklebte sie mit Briefen. Das Auto gehöre dem größten Ehebrecher der Stadt.

Früher nannte man das Rufmord.

Am 07. Juni 2008 mietete Goddy sich erneut

eine Wohnung an, zog aber auch da nicht ein.

SMS, 20.06.2008, 10:37 Uhr

Liebe Lea, bin total am Ende, verstrickt in Chaos und Schuldgefühlen. Seit gestern bin ich in der Psychiatrie, werde aber am Donnerstag in die Psychosomatische Klinik nach Isny gehen. Realistisch betrachtet lässt sich die Sache mit meiner Frau nicht mehr kitten. Es wurde schon zu viel zerstört. In meinem Kopf regiert die Ausweglosigkeit und schlechtes Gewissen. Das Einzige, was mir noch helfen könnte, wäre ein Ausblick darauf, dass Du trotz der Verletzungen, die ich auch Dir zugefügt habe, noch ein bisschen Wärme für mich empfindest. In mir ist viel verschüttet. Tränen rollen über mein Gesicht. Warum? Es tut mir leid, dass Liebe auch so viel zerstören kann.

Kapitel 4

Die Liebe siegt immer

Wir schreiben das Jahr 2014.

Ich googlete Gottlieb Mackrodt. Da war er! Kein Bild, aber ein Satz reichte, um zu wissen: *Er ist es.* „Ich bin nicht auf der Welt, damit andere mich so haben wollen, wie es ihnen passt“

Mir lief es eiskalt den Rücken runter. Sechs Jahre waren vergangen und ich bekam Gänsehaut, nur weil ich seinen Namen las.

Zwei Tage rang ich mit mir, dann meldete ich mich bei Facebook an, nur um diesen einen Satz zu schreiben: „Do you remember LH 1042?“

Es vergingen, glaube ich, vier Stunden, dann bekam ich eine Mail aus England. Er freute sich, von mir zu hören, er sei gerade in England bei Freunden, mit seiner Tochter Katharina. Er würde sich gerne bei mir melden, nach seinem Urlaub.

Mein Telefon klingelte, ich hob ab.

„Ich bins.“

Eine Pause entstand. Ich hatte die mir bekannte Stimme schon längst erkannt. „Wie geht es dir ?“

„Gut und dir?“

Wir tauschen unser Leben aus, von 2008 bis 2014.

Goddy war seit 2011 geschieden und lebte nun mit einer Engländerin in Deutschland zusammen, die selber zwei Töchter hatte. Katharina lebte zurzeit bei Goddy. Ich freue mich für ihn, dass er es geschafft hatte, zu sich selbst zu finden. Dachte ich.

Ich selbst war zu der Zeit mit Clemens zusammen. Wir wohnten nicht zusammen, sahen uns aber jedes Wochenende bei mir. Ich hatte 2011 mein Haus verkauft und nur für mich einen kleinen Bungalow gebaut, im Nachbarort. Clemens war das Gegenteil von Goddy: hart und rau. Ich glaube, das war der Grund, warum ich mit ihm zusammen war.

Goddy und ich hatten fortan sporadisch Kontakt. Wir respektierten das Leben des anderen. Goddy trennte sich 2014 von seiner Freundin, weil die Patchworkfamilie nicht passte. Bertha war immer noch ein Thema, wie damals, sie duldete keine andere Frau an seiner Seite. Er war mit Katharina in eine eigene Wohnung gezogen, Nicht weit von Bertha entfernt.

E-Mail, Dezember 2014

Guten Morgen Lea,

bevor ich den Tag beginne, möchte ich Dich noch drücken und Dir alles Gute zum Geburtstag wünschen!

Es sind schon einige Jahre vergangen, seit wir uns begegnet sind, aber noch nie habe ich Dir zum Geburtstag gratuliert – obwohl es ja im Anschluss an Deinen 48. Geburtstag war, als Du von Stuttgart (Schtudgard) nach Hannover geflogen bist. ;-)

Was hat sich seither nicht alles zugetragen ... über ein langweiliges Leben kann ich mich nicht beklagen – ich denke, Du auch nicht.

Deine Mail hat mir wirklich Mut gemacht. Interessanterweise ging es Katharina die letzten Tage wieder besser. Sie gibt mir immer wieder auch sehr viel zurück an unendlichem Vertrauen in ihren Papa.

Alles, alles Liebe, ich drück Dich,
Gottlieb

E-Mail, Mittwoch, 04.03.2015, 09:22 Uhr

Liebe Lea,

habe gerade an Dich gedacht. Werde vielleicht in

nächster Zeit nochmals nach „Norden" fahren. Bernd Winkler geht es nicht gut. Sein Stiefsohn hat einen Nervenzusammenbruch erlitten und liegt im Krankenhaus.

Bernd wurde aus der neurologischen Abteilung der Henriettenklinik in Hannover mit unbekanntem Ziel entlassen.

Die Schwestern dürfen mir keine Auskunft geben.

Die Geschichte wird langsam richtig unheimlich, erdrückend, tragisch und auch irgendwie verlogen.

Selbst habe ich sehr viel zu tun. Aber es ist immer wieder schön, dass es Dich gibt.

Liebe Grüße
Gottlieb

Bernd Winkler war sein Arbeitskollege, der mit seiner Frau nach Griechenland beziehungsweise Kreta ausgewandert war und nun schwer krank war. Als Goddy deswegen in den Norden fuhr, trafen wir uns in Sarstedt. Nur als Freunde.

Im September 2015 trennte ich mich von Clemens. Es passte nicht. Wir hatten zu oft andere Ansichten. Ich erzählte Goddy davon in unseren Telefonaten nichts.

Im Dezember 2015 fiel Goddy schließlich auf, dass ich schon lange nicht mehr von Clemens gesprochen hatte. Ich erzählte ihm daher von der Trennung. Er fragte, ob ich darüber reden wollte.

Nein, lautete meine Antwort.

E-Mail, 31.12.2015

Ich hätte schon so oft auf ein Eric-Clapton-Konzert gehen können, auch in England. Ich habe es nie gemacht – und nicht nur, weil der fast unverschämte Eintrittspreise verlangt. Aus irgendeinem Grund habe ich mir das wohl für einen ganz besonderen Menschen aufgehoben.

That's life.

Love
Goddy

PS: Hiermit lade ich Dich ganz offiziell – ich gestehe, ich könnte es romantischer, aber das kann ich nachholen – zu einem (meinem ersten!) Eric-Clapton-Konzert ein, wo auch immer der entwe-

der in Deutschland oder England als Nächstes auftritt. Dies besprechen wir dann persönlich. Die Royal Albert Hall in London wäre mir am liebsten.
Versprochen ist Versprochen! Egal, was sein wird, Du bist eine wahre Freundin – und ich spüre, dass es sogar mehr sein kann. xxxxxx

Habe Sehnsucht nach Dir!

Liebe Grüße
Dein Goddy

Kapitel 5

Ich liebe Dich

Eric Clapton gab 2016 keine Konzerte in Deutschland. London fand ich zu teuer.

Goddy lud mich am 13. Januar 2016 in das Musical *Rocky in Stuttgart* ein. Wir waren beide ziemlich aufgeregt. Wir buchten im Hotel Rieker zwei Einzelzimmer.

Goddy holte mich in Stuttgart von Flughafen ab und wir checkten gemeinsam ein.

Ja, er gab sich große Mühe, mein Herz zu erobern und am dritten Tag hatte er es geschafft. Wir sprachen viel von der Vergangenheit, räumten aber auch eine Zukunft für uns beide ein.

E-Mail, Donnerstag, 14.04.2016, 13:41 Uhr

Liebe Lea,

ich mache mir gerade Gedanken wegen unserer „Beziehungspflege" für April/Mai.

Habe zwar immer noch keine Termine von Bertha, aber Folgendes könnte ich mir vorstellen:

Ich fahre am Fr., 22.04. (evtl. auch schon am Do.) zur Dir und bleibe bis mindestens Freitag, den 29.04.

An diesem Tag kommt Kathi aus Italien zurück und es ist eigentlich „mein“ WE mit ihr.

Dann könntest Du rein theoretisch (?) bereits am Dienstag, den 03. Mai zu mir fahren/fliegen und bis einschließlich Sonntag, den 08. Mai bleiben,

da Du ja am Do., den 05.05. wegen Himmelfahrt nicht arbeiten musst?!

Dies wäre auch deshalb von großem Vorteil, weil Kathi am Fr., 06.05. schulfrei hat und wir bei Bedarf auch mal was mit ihr gemeinsam/Margot/Gerd machen könnten.

Achtung, ganz wichtig: Diese Fahrt/Flug bezahle ich Dir – dies ist ein „Befehl“ ... aus Liebe ... und Sehnsucht.

An Pfingsten, Fr., 13.05, bis Montag, 16.05. könnte ich dann zu Dir kommen, da Du ja am Di., den 17.05. nach Berlin fährst und bis zum 26.05. auf Mallorca weilst.

Danach komme ich wieder zu Dir wegen Düsseldorf/Paul McCartney.

Mach Dir mal Gedanken, wir sprechen heute Abend.

Bertha hat mir gerade geschrieben, dass sie heute doch im Beethovenstraße übernachtet (typisch Bertha, typisch Borderline).

Wir telefonieren dann heute Abend.

Habe Sehnsucht nach Dir!

Liebe Grüße
Dein Goddy

Wir reisten in den Jahren viel, besuchten Konzerte, Eric Clapton in Hamburg, am 03.07.2018 gemeinsam (wie von uns erträumt). Wir liebten uns und fühlten uns privilegiert.

Auch wir hatten manchmal Auseinandersetzungen – eben wenn der Sturkopf auf den feinfühligen Schwaben trifft, wenn der Norden schneller war als der Süden, aber die Liebe war unschlagbar, bis September 2020 im Jahr der Pandemie.

Aufgrund der Pandemie wählten wir die Schweiz als Reiseziel aus, Ich war noch nie in der Schweiz gewesen. Goddy plante eine Route und war sich sicher, dass er mir mit der Reise einen großen Wunsch erfüllt. Tuna See, Interlaken, Montreux,

Grimsel-Pass, Furka-Pass, Gotthard-Pass, Lugano, Baden im Vierwaldstätter See, Lago Maggiore, Ascona, und am letzten Tag fuhren wir zum Geburtshaus und zur Grabstätte von Hermann Hesse nach Montagnola.

Ich freute mich für Goddy, dass er seinem Lieblingsdichter einmal so nah sein konnte, schließlich hatte er erst vor Kurzem sein Gedicht *Stufen* auswendig gelernt.

Kurz vor dem Friedhof, wo Herrmann Hesse begraben lag, rutschte mir als Beifahrer im Auto sein Handy-Navi, das ich in der Hand hielt, aus der Hand in den Fußbereich des Autos. Beim Bücken rutschte meine rosa Brille hinunter. Ich sah den WhatsApp-Chatverlauf mit seiner Ex-Frau Bertha. Ich schrie auf.

Goddy erschreckte sich, riss das Lenkrad rum. Es krachte laut!

Es wurde dunkel …

Samstag, der 19.09.2020

Aus dem Schweizer Polizeibericht geht hervor, dass Unachtsamkeit eine grauenvolle Folge nach sich zog. Lea Kaiser verstarb noch am Unfallort, der Fahrer Gottlieb Mackrodt konnte mit leichten Blessuren geborgen werden.

Schuldgefühle bestimmen unser Leben.

Ich bin schuld, weil ich sie verlassen habe und sie dadurch unglücklich ist.

Ich bin schuld, weil ich durch meine Unachtsamkeit beim Autofahren einen Menschen getötet habe.

Oft verzeihen uns Mitmenschen oder Angehörige eher als wir uns selbst.

Das Leben ist voller Freude und Schmerz, Unsicherheit und Sicherheit. Es gibt kein Schwarz ohne Weiß, kein Weiß ohne Schwarz.

Über die Autorin

Mein Name ist Pia Herzog. Ich bin gerade 60 Jahre alt geworden und in Altersteilzeit. Ich wohne seit meinem 17 Lebensjahr im Landkreis Schaumburg.

Dieses Buch ist eine freie Erfindung von mir, Namensgleichheit mit lebenden Personen ist von mir nicht beabsichtigt und wären absolut zufällig.

Ich erkläre, dass ich keine Verletzungen der Rechte Dritter beabsichtige.